L'ÉCOLE DE CHARITÉ

DRAME EN UN ACTE

COMPOSÉ POUR LES DISTRIBUTIONS DES PRIX

ET LES EXERCICES LITTÉRAIRES

Dans les Pensionnats de Demoiselles;

Par M. D. R.

PRIX : 60 CENTIMES

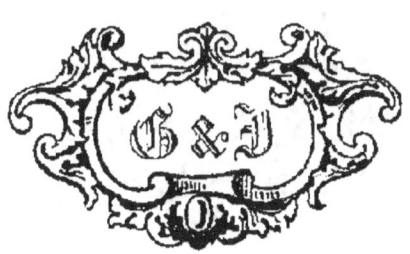

LYON

GIRARD ET JOSSERAND, IMPRIMEURS-LIBRAIRES

Place Bellecour, 4

1855

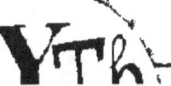

L'ÉCOLE DE CHARITÉ

DRAME EN UN ACTE

COMPOSÉ POUR LES DISTRIBUTIONS DES PRIX

ET LES EXERCICES LITTÉRAIRES

Dans les Pensionnats de Demoiselles;

Par M. D. R.

PROPRIÉTÉ DES ÉDITEURS.

PRIX : 60 CENTIMES.

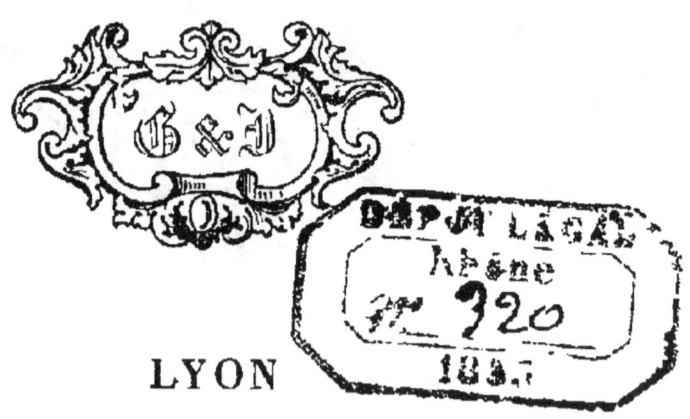

LYON

GIRARD ET JOSSERAND, IMPRIMEURS-LIBRAIRES

Place Bellecour, 4

1855

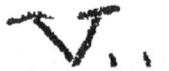

Personnages.

———

Mme DE SAINT-LÉON.

CÉCILE, sa fille.

Mme LINVAL, ancienne maîtresse de pension de Cécile.

SUZANNE, bonne.

ANNETTE,
ROSE,
LISE,
COLETTE,
ANTOINETTE,
MARIETTE,

} petites filles du village.

Plusieurs petites filles.

Une petite marchande italienne.

Imprimerie de GIRARD et JOSSERAND, rue St-Dominique, 13, Lyon.

L'ÉCOLE DE CHARITÉ

DRAME EN UN ACTE.

———— ⬥ ————

SCENE I.

MADAME LINVAL, CÉCILE.

CÉCILE.

O ma chère maîtresse, combien je suis heureuse de vous posséder! Je ne puis en croire mes yeux; depuis si longtemps vous m'aviez fait attendre en vain ce bonheur que je n'osais plus l'espérer.

MADAME LINVAL.

Je suis bien peu maîtresse de mon temps, même pendant les vacances, tu le sais, ma chère Cécile, et, malgré la vive amitié que je porte à mes anciennes élèves et le désir que j'ai de les voir, il ne m'est pas possible de me procurer souvent ce plaisir. Pour faire ce petit voyage, il m'a fallu vaincre bien des obstacles, je t'assure ; mais pouvais-je te refuser quelque chose, à toi, ma fille chérie, lorsque je te vois chercher à propager l'instruction que tu as reçue et employer tes talents au bonheur de tes semblables ?

CÉCILE.

Tout le bien que je pourrai faire retournera à vous, ma chère maîtresse, puisque c'est près de vous que j'ai puisé des sentiments qui font le bonheur de ma vie. Oh ! si je pouvais vous exprimer tout ce qui se passe aujourd'hui dans mon cœur, la joie que j'éprouve en songeant que je vais récompenser toutes ces petites filles que j'aime tant, et que vos yeux seront témoins de leur petit triomphe ! Non, non, il est impossible d'exprimer ce que je sens.

MADAME LINVAL.

Je le conçois, chère enfant; la pratique de la vertu porte dans le cœur une douce joie qui en est la première récompense, en attendant celle que Dieu réserve à nos pieux efforts. Que je suis heureuse, ma Cécile, de te voir dans ces sentiments ! C'est une bien bonne œuvre d'instruire ainsi gratuitement les pauvres petites filles du village.

CÉCILE.

Ne me louez pas trop, chère maîtresse ; j'ai trouvé plus de plaisir que de peine à remplir la douce tâche que je me suis imposée.

MADAME LINVAL.

Le plaisir que tu as éprouvé ne diminue pas le mérite que tu as acquis... Mais qui a pu te donner l'idée de fonder dans le château de ta mère une école de charité ?

CÉCILE.

Je ne saurais trop vous dire, chère maîtresse. Lorsque je vous eus quittée, un ennui profond s'empara de moi, et, après les premiers jours donnés aux doux épanchements de la tendresse maternelle et de la piété filiale, je me trouvai dans un vide affreux, une solitude effrayante ; car ma chère maman, surveillant elle-même toutes ses affaires, me laissait souvent seule. Je ne savais alors que devenir. J'avais mené près de vous, pendant six années, une vie si active, si occupée, que je me trouvais oisive avec mes légères occupations ; et puis, j'avais toujours été entourée d'aimables compagnes à qui je m'étais si tendrement attachée, et je me trouvais absolument seule. Ah ! combien je regrettais alors d'être fille unique ! Ce changement me conduisit à une telle mélancolie, qu'il me fallut faire des efforts continuels pour que ma chère maman ne s'en aperçût pas.

MADAME LINVAL.

Que ne cherchais-tu dans l'étude une diversion à ton ennui ?

CÉCILE.

Je l'essayai plusieurs fois ; mais n'étant plus soutenue par l'émulation, mes études avaient perdu tous leurs charmes, et j'étudiais sans goût. Je voulus faire quelques connaissances, me lier avec quelques jeunes personnes du village ; mais je les trouvai si sauvages, si mal élevées, que je m'en dégoûtai aussitôt. Je commençais à perdre tout espoir, lorsqu'un jour, dans une visite de charité où j'accompagnais maman, j'entendis une pauvre mère gémir et pleurer sur l'ignorance de sa fille, qui, privée de l'instruction absolument nécessaire, ne pouvait pas être admise à faire sa première communion, quoiqu'elle fût déjà grande. Ce chagrin, ces larmes maternelles touchèrent mon cœur, et je me dis à moi-même : Eh quoi ! je m'ennuie faute d'occupation, tandis que je pourrais être utile à tant de pauvres petites filles qui, instruites par moi, pourront faire leur première communion, et me devront leur bonheur et celui de leurs mères ! Ce projet m'occupa tellement, qu'il ne me fallut plus que la permission de maman pour le mettre à exécution.

MADAME LINVAL.

Elle n'eut pas de peine à te l'accorder, je pense.

CÉCILE.

Oh ! non, sans doute ; elle est si bonne ! Ma proposition fut favorablement accueillie. « Je t'accorde de

tout mon cœur ce que tu désires, ma fille, me dit-
elle avec un sourire gracieux. Deviens l'institutrice
de toutes les pauvres petites filles du village; je t'ai-
derai de tout mon pouvoir. Installe-toi, quand tu
le voudras, dans la salle basse qui donne sur le
jardin, et commence ta petite école; dans cet exercice
continuel de tes jeunes facultés, outre le bien que
tu pourras faire, tu trouveras un nouveau moyen de
te fortifier dans l'instruction que tu as reçue et dans
les bons principes qui t'ont été donnés. » Puis cette
bonne mère me donna les livres et tout ce qui m'était
nécessaire pour mon petit établissement.

MADAME LINVAL.

Je suis sûre que tu ne t'ennuyas plus alors.

CÉCILE.

Oh ! non, sans doute. J'éprouvai cependant quelques déceptions; plusieurs de ces enfants paraissaient
tellement dépourvues d'intelligence, que je désespé-
rais de leur apprendre à lire. Cependant, à force de
patience et de persévérance, j'en suis venue à peu près
à bout.

MADAME LINVAL.

Tu te bornes, je pense, à leur enseigner la lecture,
l'écriture et le catéchisme ?

CÉCILE.

C'était ma première intention ; mais, parmi ces

jeunes filles, quelques unes ont montré de si heureuses dispositions, que je leur ai donné des leçons de grammaire, de calcul, d'histoire et de géographie. Ces sciences leur sont peu utiles, je le sais ; mais je l'ai fait pour mon plaisir, et cela m'a donné, tout en me récréant, l'occasion de repasser tout ce que j'ai appris.

MADAME LINVAI.

La science n'est jamais inutile lorsqu'elle est accompagnée de principes solides et qu'elle n'inspire pas un sot orgueil. Car, vois-tu, ma Cécile, tu rends un grand service à ces petites filles en éclairant leur intelligence et en ornant leur esprit ; cependant, si tu te bornais à cela, ta tâche ne serait qu'imparfaitement remplie. C'est à former leur cœur que tu dois t'appliquer particulièrement ; c'est là le point essentiel d'une bonne éducation.

CÉCILE.

Hélas ! je suis bien jeune et bien peu raisonnable pour diriger la conduite de ces pauvres enfants ; mais j'aurai toujours vos exemples sous les yeux, bonne maîtresse, et je tâcherai de vous imiter. Et puis, ma mère m'aide beaucoup ; ses pieuses exhortations et surtout ses bons exemples animent singulièrement mes petites filles à la pratique de la vertu. Enfin, pour exciter leur émulation, cette mère chérie m'a remis des récompenses pour les distribuer aujourd'hui, et les habits d'hiver qui leur étaient destinés vont devenir un motif d'encouragement pour travailler avec ardeur une autre année. Je crois...

SCÈNE II.

LES MÊMES, MADAME DE SAINT LÉON.

MADAME DE SAINT-LÉON.

Eh bien! ma Cécile, tu es heureuse de pouvoir raconter aujourd'hui les progrès de tes enfants chéries à l'estimable institutrice qui t'a mise en état de remplir cette douce tâche.

CÉCILE.

Oh! oui, oui, ma chère maman.

MADAME LINVAL.

Ma joie égale la sienne, je vous assure; cette chère enfant me fait oublier aujourd'hui les peines et les déceptions que l'on rencontre à chaque instant dans le pénible emploi d'institutrice.

CÉCILE.

Ah! puissé-je vous rendre tout le bonheur dont vous m'avez entourée pendant le temps heureux que j'ai passé près de vous!

1.

MADAME LINVAL.

Tu m'as rendue heureuse aussi par ton application. Mais, dis-moi, ne pourrais–je pas te voir donner une leçon en forme d'examen à tes élèves avant de les récompenser?

CÉCILE.

De tout mon cœur, chère maîtresse; je n'ai rien à vous refuser. Je vais les appeler.

MADAME DE SAINT-LÉON.

Oui, et, tandis que tu vas les préparer, madame Linval et moi nous allons donner un coup d'œil aux préparatifs que l'on fait au fond du jardin afin d'orner le lieu où tu dois distribuer tes récompenses. Je veux qu'il ne manque rien à la solennité de ce jour. (*A madame Linval.*)Voulez-vous, madame, venir nous donner votre goût?

MADAME LINVAL.

Bien volontiers, madame. (*Elles sortent.*)

CÉCILE, *seule.*

Je ne sais pourquoi j'éprouve une crainte, un embarras que je ne puis rendre... Eh quoi! la bonne madame Linval ne sait-elle pas de quoi je suis capable? (*Elle appelle.*) Suzanne !

SCÈNE III.

CÉCILE, SUZANNE.

SUZANNE, *en entrant*.

Que voulez-vous, mademoiselle ?

CÉCILE.

Faites-moi le plaisir d'appeler les petites qui sont dans la salle d'étude, et amenez-les ici.

SUZANNE.

Eh ! mademoiselle, laissez-les donc où elles sont ; elles vont tout déranger, tout salir.

CÉCILE

Non, Suzanne, elles ne dérangeront rien, elles sont gentilles et soumises. Faites-les monter.

SUZANNE.

Elles sont assez gentilles, grâce à vos soins, mademoiselle ; mais c'est toujours un furieux embarras que vous avez pris. Enfin vous allez donner vos vacances, et nous serons débarrassées.

CÉCILE.

Allons, Suzanne, ne dites rien ; le temps nous durera encore de nos petites filles, j'en suis sûre.

SUZANNE, *en sortant.*

Pauvre demoiselle, vous êtes si bonne !

CÉCILE, *seule.*

Suzanne se plaint, et je suis sûre que, si je congédiais à jamais mes petites amies, elle en serait peinée ; car elle les aime et les gâterait certainement plus que moi.

SCÈNE IV.

CÉCILE, ANNETTE, ROSE, LISE, COLETTE, ANTOINETTE, PLUSIEURS PETITES FILLES. (*Elles entrent en saluant poliment leur jeune maîtresse.*)

CÉCILE.

Venez, mes chères petites amies. Je suis heureuse aujourd'hui de pouvoir vous témoigner hautement ma satisfaction ; vous avez couronné par vos efforts la douce tâche que je me suis imposée, celle de guider vos jeunes cœurs vers l'amour de Dieu et l'amour du travail. J'ai été contente de votre docilité. Vous commencez à pratiquer avec respect et piété les devoirs de notre sainte religion, et vous avez compris que le travail est à la fois un besoin et un devoir imposé à tous les hommes. Vous aimez bien vos chers parents, et le désir de leur plaire encourage tous vos efforts. Ah ! que je me trouve heureuse, mes chères enfants, d'avoir reçu quelque instruction pour vous la communiquer !... Dans un instant mon cœur goûtera un plaisir bien vif en vous distribuant les récompenses que vous avez méritées ; mais auparavant, mes chères amies, vous allez paraître devant celle qui guida mon enfance, et dont vous aimez tant à m'entendre parler. Vous souriez de plaisir, car vous l'aimez sans la connaître, la mère de votre Cécile ; soyez donc bien attentives, afin de répondre comme il faut aux questions que je vous adresserai devant elle ; soyez polies, gracieuses ; enfin montrez-lui que ses leçons sont venues à vous par ma bouche et que vous en profitez. Je vais aller la chercher ; soyez sages pendant mon absence.

TOUTES ENSEMBLE.

Oui, mademoiselle.

SCÈNE V.

ANNETTE, ROSE, ANTOINETTE, LISE, COLETTE.

ANNETTE.

Que de bonheur à la fois ! recevoir des prix, entrer en vacances, et voir encore madame Linval.

ROSE.

Ce n'est pas ce qui me plaît le plus ; je craindrai cette dame.

ANTOINETTE.

Je ne la craindrai pas, moi ; mademoiselle Cécile

dit qu'elle est si bonne ! Mais une chose qu'Annette oublie, c'est que nous allons avoir un beau goûter dans la salle à manger du château.

LISE.

Je me soucie peu des bonnes choses que l'on va nous donner ; mais manger à la même table que mademoiselle Cécile...

COLETTE.

Je n'oserai jamais.

ANTOINETTE.

Silence ! je crois que j'entends ces dames... Eh ! non, c'est Mariette.

SCÈNE VI.

LES MÊMES, MARIETTE.

ANNETTE.

Que veux-tu, Mariette ?

MARIETTE.

On m'a dit que mamzelle Cécile donnait aujourd'hui des robes, des tabliers, des livres, des images à toutes les petites filles, et je viens pour en avoir ma part.

LISE.

Elle donne toutes ces choses aux élèves dont elle est contente, mais elle ne donne rien aux autres.

MARIETTE.

Elle n'est pas mécontente de moi, je ne lui ai rien fait pour la fâcher.

ANNETTE.

Je le crois bien, tu n'es pas venue à l'école. On te dit, encore une fois, qu'elle ne donne des récompenses qu'à ses élèves.

MARIETTE.

Je suis bien son élève, peut-être. Ne suis-je pas venue à l'école au commencement de l'année?

ROSE.

Tu n'y es pas venue un mois entier; tu dois être fort savante.

ANTOINETTE.

Pourquoi as-tu cessé de venir?

MARIETTE.

Parce que je n'aime ni lire ni travailler; je préfère courir dans les champs, cueillir des fleurs ou des fruits. Je ne puis rester ainsi renfermée toute la journée dans une chambre.

ANNETTE.

Eh bien! tu as pris ton plaisir à l'avance, tu ne peux partager le nôtre aujourd'hui.

LISE.

Peut-être; mademoiselle Cécile est si bonne!

COLETTE.

Oui, oui, qu'elle s'y attende!

SCÈNE VII.

LES MÊMES, MADAME DE SAINT-LÉON, MADAME LINVAL.

MADAME LINVAL.

Bonjour, mes petites amies ; je suis enchantée de vous voir, car je sais que vous contentez bien ma Cécile. Je me réjouis d'assister au petit triomphe qu'elle vous prépare ; mais voudriez-vous me donner auparavant un échantillon de votre savoir ?

ANTOINETTE.

Ce sera peu de chose, madame, mais nous ferons de notre mieux.

MADAME LINVAL.

Et cela ira bien, j'en suis sûre. Allons, Cécile, adresse-leur les questions que tu jugeras à propos.

CÉCILE.

Mettez-vous sur une même ligne, mes enfants, afin que je n'oublie personne. Par où voulez-vous que nous commencions, bonne maîtresse ?

MADAME LINVAL.

Par où tu voudras ; un peu de catéchisme, je pense. (*Cécile fait réciter du catéchisme.*) C'est bien, mes enfants, très-bien. Vous savez votre catéchisme, et j'espère que, grâce aux exemples que vous donnera votre jeune maîtresse, vous mettrez en pratique ce que vous aurez appris. Eh bien ! Cécile, si tu veux leur faire dire quelques petites fables, ce sera assez; il ne faut pas retarder leur bonheur.

CÉCILE.

Volontiers. Annette, récite-nous *le Cep de vigne et le Buisson.*

ANNETTE.

« Que tu me fais pitié, arbre tordu, vil rebut de la nature! » Ainsi disait à un cep de vigne placé près de lui un buisson dont les fleurs d'un blanc rosé attiraient tous les regards. « C'est en vain que le printemps étale ses charmes et rajeunit la nature, tu es toujours ce que tu fus au milieu des frimas, et l'œil s'attriste en voyant ton dénuement et ta misère. Pour moi, je n'ai pas été des derniers à me couvrir de fleurs, et plus d'un parterre cultivé avec soin envie ma parure. » Le cep méprisé garda le silence, et attendit pour répondre que les chaleurs brûlantes de l'été eussent fait place aux brises de l'automne. Alors, paré de larges feuilles et chargé de raisins exquis, il parla en ces termes à l'orgueilleux buisson : » Qu'est devenue cette beauté qui te rendait si vain ? Te voilà couvert de fruits insipides, destinés seulement aux oiseaux du ciel, tandis que moi, non content d'étaler une belle verdure, j'offre aux humains des fruits délicieux aussi agréables au goût qu'utiles pour réparer leurs forces épuisées, alors que, par leurs soins, ils sont changés en une douce liqueur. Aussi voit-on tout le monde s'intéresser à mon sort et trembler lorsque les saisons me sont défavorables, et toi, misérable, tu sers seulement à me défendre des insultes des passants; sans cela, tu serais impitoyablement arraché et jeté au feu. Tu ne dois donc ta conservation qu'à l'utilité de celui qui naguère était l'objet de tes mépris. » Ne dédaignons personne ; tout change et passe sur la terre : tel qui brille aujourd'hui peut être méprisé demain. Il n'y a de véritablement estimables que ceux qui, sans se prévaloir de leurs avantages, les font servir à l'utilité des autres.

MADAME LINVAL.

C'est très-bien, ma chère petite ; profitez de la morale que votre jeune maîtresse vous enseigne plus encore par ses exemples que par ses leçons. Allons, ma Cécile, continuons.

CÉCILE.

Rose, dis-nous *la Vieille Souris et le Souriceau.*

ROSE.

« N'approche pas, mon fils, fuis cette petite maison grillée; le morceau friand que tu vois n'est qu'un appât trompeur offert à tes regards par un ennemi cruel qui en veut à ta vie. » Ainsi parlait une vieille souris à son fils, qui pour la première fois parcourait seul le grenier où il avait pris naissance, et qui dirigeait ses pas près d'une souricière dans laquelle un morceau de lard rôti excitait son envie. Retenu par les prières et les ordres de sa mère, il maudissait sa dépendance et soupirait après le jour où il pourrait jouir en paix de sa liberté. O vœux indiscrets ! Enfant ingrat, ne vois-tu pas que les sollicitudes de ta mère sont une preuve de son amour pour toi, et qu'échappée à plus d'un danger de ce genre, elle voudrait que, sans les courir toi-même, tu profitasses de sa longue expérience ? Le souriceau n'en crut rien ; les avis maternels furent à ses yeux les effets d'un caractère contrariant et grondeur. Aussi vit-il mourir sa mère d'un œil sec ; les sentiments de la nature étaient étouffés, il ne songeait qu'au bonheur d'être son maître. « Enfin je puis donc agir à ma volonté ! dit-il. Assez longtemps j'ai pris ici une misérable nourriture, propre seulement à assouvir ma faim ; je vais aujourd'hui même profiter du festin offert par une main généreuse contre laquelle on osa élever de lâches soupçons. »Il parlait encore, et déjà ses pieds agiles franchissaient l'entrée du lieu défendu, déjà ses petites dents saisissaient le morceau objet de sa convoitise. Mais, ô malheur ! il n'a pas encore savouré ce mets, qu'un léger bruit se fait entendre ; une grille tombe. Le festin a perdu tous ses charmes, et le souriceau ne songe qu'à s'échapper. Hélas ! c'est impossible ; nul trou, nulle ouverture, il est pris. Alors les dernières paroles de sa mère lui reviennent à la mémoire. Que ne donnerait-il pas dans ce moment pour les avoir écoutées? Regrets inutiles ! il n'est plus temps Ses réflexions ne furent pas longues : au bruit qu'avait fait la souricière, la maîtresse de la maison accourut, et prononça contre le petit rebelle une sentence de mort qui fut exécutée à l'instant même. Enfants, suivez les conseils de vos parents, et profitez de leur expérience. Soyez persuadés que vous ne trouveriez dans les plaisirs qu'ils vous refusent que déception, dégoût, et souvent la perte totale du bonheur de votre vie.

MADAME LINVAL.

Oh! oui, mes petites amies, la vertu principale des enfants c'est l'obéissance; ne l'oubliez jamais. Continuez, mes chères petites.

CÉCILE.

Antoinette, dis-nous *la Fauvette et ses Petits*.

ANTOINETTE.

Pourquoi cette jolie fauvette voltige-t-elle d'un air inquiet et empressé autour de cet épais buisson? C'est qu'elle y a fait son nid, et que, couchés mollement, ses chers petits y prennent un doux repos. Elle craint qu'une main ennemie ne vienne les lui ravir, et elle oublie ses propres besoins pour veiller à leur garde, tandis que le père vole au loin pour chercher leur nourriture. Voyez comme elle s'agite dès qu'on s'approche du lieu où est son cher trésor. Pauvre petite créature, tu fais pitié, et tu es réellement victime de ton bon cœur. Et vous aussi, enfants, vous avez eu auprès de votre berceau une mère tendre et un père

vigilant qui ont écarté les périls qui menaçaient votre première enfance ; ils ont pourvu à tous vos besoins aux dépens de leur propre repos. Leur solici-
tude n'a pas cessé encore, et, à mesure que vous
avancez en âge, leurs sacrifices sont plus grands et
plus généreux. Ferez-vous comme ces petits oiseaux ?
Oh ! non ; car, aussitôt qu'ils pourront voler de leurs
propres ailes et pourvoir seuls à leur nourriture, ils
oublieront les auteurs de leurs jours. Mais vous, enfants, vous serez toujours soumis, tendres et reconnaissants. Toujours votre plus douce jouissance sera
de mériter, par votre bonne conduite, le sourire bien-
veillant de votre père et les caresses de votre mère.
Et lorsque la froide vieillesse aura blanchi leurs che-
veux et glacé leurs membres, vous leur rendrez avec
amour les soins que vous en avez reçus. Heureux par
votre tendresse et vos attentions, ils vous béniront,
et l'Éternel, du haut des cieux, ratifiera cette béné-
diction, car il a dit : « Honore ton père et ta mère,
afin que tu vives longtemps sur la terre. »

MADAME LINVAL.

Très-bien, très-bien, mon enfant ; je me plais singulièrement à entendre ces chères petites.

CÉCILE.

Vous me rendez heureuse, chère maîtresse. Lise,
dis-nous la fable du *Pommier*.

LISE.

Un jeune pommier transplanté nouvellement dans un beau verger jetait les hauts cris, tandis qu'un jardinier habile faisait à son écorce de profondes incisions. « Que vous êtes barbare! lui disait-il; non content de m'avoir arraché à l'épaisse forêt où j'avais pris naissance, vous exercez encore sur moi d'horribles cruautés. Ah! que mes frères sont heureux! ils étendent en toute liberté leurs branches à droite et à gauche sans que personne les contrarie, tandis que moi, dépouillé déjà d'une partie de mes rameaux, je me vois déchiré avec une incroyable barbarie.—Vous ne savez ce que vous dites, répondit le jardinier, et si vous compreniez ce que je fais, loin de vous plaindre, vous me rendriez grâces; tandis que les pommiers sauvages de la forêt ne porteront que des fruits aigres et insipides, propres seulement à nourrir les animaux immondes qui paissent sous leur ombrage, vous serez couvert de pommes dorées qui figureront dans les festins des grands. » Et vous aussi, mes enfants, vous pleurez, vous criez, vous vous révoltez contre la sévérité de vos maîtres, vous voudriez qu'ils laissassent toute liberté à vos mauvais penchants, vous ne voyez pas qu'alors vous deviendriez en grandissant le rebut de la société; au lieu que, grâce à l'instruction que vous aurez reçue, aux vertus que vous aurez acquises, vous ferez un jour le bonheur de votre famille, et vous jouirez de la considération publique. Que vos cœurs soient donc reconnaissants envers ceux qui vous instruisent, envers ceux qui encouragent vos études par la bienveillante attention qu'ils donnent à vos petits exercices; mais songez, enfants chéris, que le meilleur moyen de témoigner votre reconnaissance, c'est de faire tous les jours de nouveaux progrès.

MADAME LINVAL.

Oui, mes petites amies, c'est la plus douce récompense que vous puissiez donner à votre jeune maîtresse pour ses soins bienveillants. Tes fables sont jolies, ma Cécile; j'aime les sujets que tu as choisis et les principes solides qu'elles renferment.

CÉCILE.

Ce sont les principes que j'ai puisés près de vous, ma bonne maîtresse, et près de ma bonne mère. Que votre approbation me rend heureuse !

MADAME DE SAINT-LÉON.

Je pense, ma fille, que ces enfants ont assez récité; il ne faut pas abuser de l'indulgence de ta bonne maîtresse, et puis il leur tarde bien à elles-mêmes de recevoir leurs récompenses.

CÉCILE.

Vous avez raison, chère maman. Eh bien ! mes petites amies, vous allez venir. (*Elle aperçoit Mariette qui s'est tenue à l'écart pendant les leçons et qui se rap-*

proche alors.) Ah! te voilà, Mariette; que veux-tu, ma petite?

MARIETTE.

Je suis venue pour avoir part aux récompenses que vous distribuez aujourd'hui.

CÉCILE.

Pour avoir des récompenses, il faut travailler, mon enfant, et tu n'as rien voulu faire.

MARIETTE.

Vous croyez, mamzelle Cécile? Ah! demandez à maman; elle vous dira que j'ai beaucoup travaillé cet été.

CÉCILE.

Je veux bien te croire, ma petite; mais je ne donne des prix qu'à mes élèves. Viens assidument l'année prochaine, et tu pourras te présenter avec assurance le jour de la distribution des prix.

MARIETTE.

Je les achèterais bien cher. Toujours assise, travailler, étudier... Non, non, j'aime mieux m'en passer.

CÉCILE.

Comme tu voudras. (*Mariette sort.*)

MADAME LINVAL.

Cette petite est malheureuse d'être une enfant gâ-
tée; elle perd aujourd'hui des récompenses honora-
bles, et cette perte n'est que le prélude du tort que
son ignorance lui causera plus tard.

MADAME DE SAINT-LÉON.

Et vous, chères enfants, vous allez goûter les fruits
de votre application; je pense que tout est prêt, je
vais y donner un coup d'œil, et je vous ferai appeler.

MADAME LINVAL.

Je vous suis, madame. (*Elles sortent.*)

CÉCILE.

Voilà donc l'instant désiré, mes enfants; encore
un moment, et vous allez...

SCÈNE VIII.

CÉCILE, ANNETTE, ROSE, ANTOINETTE, LISE, COLETTE,
SUZANNE, PLUSIEURS PETITES VILLAGEOISES.

SUZANNE, *en entrant.*

Mademoiselle, une marchande toute jeune demande à vous parler.

CÉCILE, *etonnée.*

Une marchande me demande, moi? Vous vous trompez, Suzanne ; c'est sans doute maman.

SUZANNE.

Non, non, je ne crois pas. Au reste, elle parle un langage si singulier qu'on peut à peine la comprendre.

CÉCILE.

Que vend-elle?

SUZANNE.

Des livres pour petit filles, m'a-t-elle dit.

TOUTES LES PETITES FILLES.

Des livres !

CÉCILE.

Faites-la venir, Suzanne.

SUZANNE.

Oui, mademoiselle. (*Elle sort.*)

CÉCILE.

Une enfant toute jeune venir de loin... Pauvre petite !

SCÈNE IX.

LES MÊMES; LA PETITE MARCHANDE, *ayant un grand chapeau.*

LA PETITE MARCHANDE.

Bonne mamzelle, vous donner aujourd'hui cadeaux à petit filles, moi vendre livres à vous.

CÉCILE.

Pauvre enfant ! qui t'a dit cela ? Je n'ai pas besoin

de livres; j'ai tout ce que je veux donner à ces enfants.

LA MARCHANDE.

Donner livres, bonne mamzelle, petit filles contentes.

COLETTE, *regardant le paquet que tient la marchande.*

Qu'ils sont jolis!

CÉCILE.

Vous seriez bien contentes si je vous en donnais à chacune un? Ah! si je savais que cela dût vous engager à être bien studieuses, bien appliquées!

LISE.

Oh! oui, oui, mademoiselle.

LA MARCHANDE.

Acheter livres, bonne mamzelle, petit filles contentes, et moi avoir pain.

CÉCILE.

Pauvre jeune fille! j'en achèterai volontiers quelques uns pour te faire plaisir. Viens-tu de loin?

LA MARCHANDE.

Si, signora, loin, loin.

CÉCILE.

Povera fanciulla !... tu sei Italiana ?

LA MARCHANDE.

Si, si, sono Italiana. Comprendete la mia lingua, beata me ! (*D'un air suppliant.*) Comprate i miei libri, signora.

ANTOINETTE.

Qu'a-t-elle dit, mademoiselle ?

CÉCILE.

Elle me dit qu'elle est Italienne, qu'elle est heureuse de ce que je la comprends, et elle m'engage à acheter ses livres. Pauvre enfant ! pourquoi as-tu quitté ton pays ?

LA MARCHANDE.

Non comprendo, signora.

CÉCILE.

Aspetta un poco, mia cara... Je vais aller demander la permission à maman. (*Elle sort.*)

SUZANNE, *aux petites filles qui causent entre elles.*

Ne faites pas de bruit, enfants; autrement je prierai mademoiselle de ne rien vous donner.

LA MARCHANDE.

Queste fanciulle sono contente.

SUZANNE.

Ne me parlez pas votre jargon, je n'y comprends rien.

ANNETTE.

Oh! si, mamzelle Suzanne; c'est si drôle!

SCÈNE X.

LES MÊMES, CÉCILE.

CÉCILE.

Mia piccola, mi nostro i tuoi libri.

LA MARCHANDE.

Vedete, signora.

CÉCILE, *regardant les petits livres.*

Voici des petits contes; c'est bon pour les plus jeunes. Ah! voilà aussi des livres de prières qui conviendront aux plus grandes. Je vais en prendre six des uns et six des autres. Combien en veux-tu?

LA MARCHANDE.

Che dite, signora?

CÉCILE.

Fa tu il prezzo.

LA MARCHANDE.

Un franco.

CÉCILE.

Un franc! Cela fait douze francs, c'est un peu cher; mais tu es malheureuse, et je ne veux pas marchander avec toi. (*Elle lui donne l'argent.*)

LA MARCHANDE.

Vi ringrazia, signora.

ROSE.

Pourquoi ne parle-t-elle plus français ?

CÉCILE.

La pauvre enfant voit que je comprends sa langue, cela lui est plus facile.

LA MARCHANDE, *présentant à Cécile un livre enveloppe.*

Buona signoretta, gradite questo libro.

CÉCILE.

Non, non, mon enfant, je te remercie.

LA MARCHANDE.

Ve ne supplico !

SUZANNE.

Prenez-le donc, mademoiselle, vous lui faites de la peine ; vous pourrez lui en donner le prix en cadeaux.

CÉCILE.

Vous avez raison, il ne faut pas la mortifier. (*Elle*

prend le paquet, le développe et trouve un beau livre.) Oh! qu'il est beau! (*Elle l'ouvre et lit sur le premier feuillet:*) « A la jeune mère des pauvres, offert par sa meilleure amie. » Que vois-je? qui t'a donné ce livre? (*Elle regarde attentivement la marchande, pousse un cri de surprise et s'écrie:*) Ne me trompé-je point? Henriette, ma meilleure amie, est-ce bien toi?

HENRIETTE.

Oui, oui, c'est bien moi. Crois-tu que j'aie oublié ma petite maman? Oh! non, les soins que tu m'as prodigués à la pension ne sortiront jamais de ma mémoire; ils sont là (*montrant son cœur*) pour toujours... J'ai obtenu de maman la permission d'accompagner ici notre bonne maîtresse. Pardonne-moi le petit déguisement que j'ai pris pour t'offrir le prix que te destinait son amitié.

CÉCILE.

Ah! petite espiègle, tu es donc toujours la même? Embrasse-moi. (*Elles s'embrassent.*) Allons bien vite trouver...

SCÈNE XI.

LES MÊMES, MADAME LINVAL.

CÉCILE, *se jetant dans les bras de madame Linval.*

Ah ! vous voilà, chère maîtresse ; c'est donc ainsi que vous vous jouez de votre Cécile ?

MADAME LINVAL.

J'ai voulu, ma chère enfant, te ménager une petite surprise, et, au moment où tu te disposais à distribuer tes récompenses, t'en offrir une comme un gage de ma haute satisfaction. Accepte aussi ces petits livres que j'ai apportés pour tes élèves ; je les aime à cause de toi.

LES PETITES FILLES.

Quel bonheur !

ANNETTE.

Combien Mariette est punie de sa paresse et de sa dissipation !

MADAME LINVAL.

La déception qu'elle éprouve aujourd'hui n'est rien

en comparaison de celles qui l'attendent dans la vie :
les paresseux ne réussissent en rien.

CÉCILE.

Merci, oh ! mille fois merci, bonne maîtresse ; ma
reconnaissance est si grande que je ne puis l'exprimer.

MADAME LINVAL.

N'en parlons plus, et allons combler les vœux de
ces enfants en leur décernant les prix qu'elles ont
mérités.

CÉCILE.

Mes enfants, rendez-vous au jardin, et que le reste
de la journée soit employé à vous divertir. Il faut que
toute votre vie vous vous rappeliez le jour où pour
la première fois vous avez eu des prix.

FIN.

MÊME LIBRAIRIE.

NOUVEAU RECUEIL de Drames et Dialogues moraux, à l'usage des pensionnats de demoiselles, par M. D. R. 1 vol in-12. 　　　　　　　　　　　　　2 fr. 50 c.

> *On vend séparément chacune des pièces composant ce recueil·*
> LYDORIE ou LA MÉDISANTE, drame en 2 actes. 　60 c.
> LES RÊVES DE L'AMBITION, drame en 2 actes. 　75 c.
> L'ÉCOLE DE CHARITÉ, drame en 1 acte. 　　　60 c.
> LES ORPHELINES OU L'ADOPTION, drame en 1 acte. 60 c.
> DIALOGUES MORAUX. 　　　　　　　　　60 c.

DIALOGUES NOUVEAUX sur la Religion, la Grammaire, l'Histoire et la Géographie; par Mme Eugénie Planchet. 1 vol. in-12 br. 　　　　　　　　　　　1 fr.

LOUISE, ou le Dévouement de l'amitié, drame en 2 actes; par M. H B. 1 vol in-12 br. 　　　　　　　75 c.

TROIS SOEURS (les), comédie en 5 actes; par M. H B. 1 vol. in-12 br. 　　　　　　　　　　　75 c.

DÉLASSEMENTS DRAMATIQUES, à l'usage des colléges, des petits séminaires, etc ; par M. l'abbé Lebardin, professeur de belles-lettres. 1 fort vol. in-12 br. 　　4 fr.

> *On vend séparément chacune des pièces composant ce volume*
> LES JEUNES CAPTIFS, drame en 5 actes. 　　75 c.
> LE RETOUR DES COLONIES, comédie en 2 actes. 75 c.
> LES TOURISTES, ou Bien mal acquis ne profite pas, comédie en 3 actes. 　　　　　　　75 c.
> L'EXPIATION, drame en 5 actes. 　　　　　75 c.
> UNE VEILLE DE DISTRIBUTION DES PRIX, ou Qui trop embrasse mal étreint, drame en 2 actes. 75 c.
> LE DÉPART POUR LA CALIFORNIE, comédie en 5 actes. 　　　　　　　　　　　　75 c.

www.ingramcontent.com/pod-product-compliance
Lightning Source LLC
Chambersburg PA
CBHW030120230526
45469CB00005B/1727